ESSAI
SUR LE RENOUVELLEMENT, du Latin, changé depuis plusieurs Siécles.

Où & nôtre Nation & toutes les autres, qui dans leurs paroles dependent & qui usent de ceste méme Langue Latine, peuvent avec la maniere de la rétablir, voir la diférence & l'éloignement de leurs façons de s'énoncer & d'écrire, de leur ponctuation & de leurs accens : & où chacun peut aprendre les moiens de marquer les choses, come environ le temps d'Auguste, & d'en rendre immortel le souvenir.

CHAPITRE I.

Etat où est presentement la Langue Latine,

IL i a longtemps que Quinctilien Livre XII. Ch. XI a dit, que nul âge n'étoit plus heureux que celui pour lequel instruire, l'antiquité avoit doné tant de Maîtres, & tant d'exemples. Muret mémes ensegne que l'état auquel est presentement la Langue Latine, peut étre plus parfait que tous les autres ; parce que les seuls savans la parlent, & que le peuple ni les ignorans ne s'en mélent point.

Or une des principales choses & plus necessaires à ces savans & à ces heureux, est la conéssance des changemens arrivés au Latin. Par exemple, nous disons *quanquam*, *aqua* : & les peuples que Scioppius appelle Sarmates ; & les autres, Polonois prononcent *qfanqfam* & *aqfa*. Selon le méme Scioppius les Bavarois & les Vestphaliens disent *peter ponem*, au lieu de *pater panem*.

Les Anglois selon Tori lisent E bi. ci. di. & s'énoncent ainsi. *Kenis intrevit meen kemerem*, pour *canis intravit meam cameram*,

Plusieurs disent *cabale* pour *cavale* : & come les Gascons & les Espagnols lisent le B. pour l'V & l'V pour le B. Mémes les Pandectes de Florence, que quelques uns raportent au temps de Iustinien, écrivent ainsi *base* pour *vase*, & au contraire Et ceux, qui suivent cette maniére, ne distinguent pas *beneficium* de *veneficium* ; *bacca* de *vacca* : *bos* & *vos* : *procurabit* & *procuravit* : *albus* & *alvus*. Les Allemans, les Suisses ou d'autres Nations disent, *ponus Fir*.

Les François ont leur S. douce, & disent *causa* pour *caussa*. Ils ont leur cha, che, chi, &c. Et quelques-uns prononcent en Latin *Michael*, come en François, *Michel*. Nous ne distinguons pas *pasci* de *passi*, *cella* de *sella*, *ceu* de *seu*, *concilium* de *consilium*, *licium* de *litium* comme nous ne distinguons pas non plus en prononçant *mense* de *mensa*, ni *queri* de *quari*, ni *equus* de *aquus* : ni enfin *lyra* de *lira*. Nous avons avec quelques autres Nations nôtre ja, je, ji, & va, ve, vi, &c. come en *jacio* & *vecors*, que nous ne prononçons pas *yakio*, ni *ouecors*.

Selon Jules de Lescale, les Italiens méme sont étrangers en leur païs, ou ils disent *chibus* & *tsibus* pour *cibus* & *kibus*. Ils n'ont point d'H, & prononçent *hortus* come *ortus*. *Hara* come *ara* ; *habeo* come *abeo*. Ils disent *miki* pour *mihi*. Dequoi Aretin a composé un Livre, dont les gens, dit Vossius, se riroient. Enfin selon Scioppius, quand il s'agiroit de la vie, ils ne peuvent lire dans l'Epigramme de Catulle sur Arrius, ni *chommoda*, ni *hinsidias*, ni *hionios*. Neanmoins, il ne faut pas croire ces facons d'énoncer, communes aux Antiens Romains, ni les faire aprendre à nôtre posterité, come une des dépendances de leur langue, mais seulement come des varietés présentes, qui peuvent étre utiles aux voïageurs. Il ne faut pas non plus croire juste, de demander qu'une de ces Nations le cede à l'autre, Mais elles sont toutes d'acord, qu'il faudroit prononcer, écrire & parler le Latin, come environ le temps d'Auguste; ou generalement de ceux, qui étoient un peu devant ou aprés lui: & selon les maniéres qu'on prouve évidemment les plus raisonables, & qu'on sait n'étre ni trop antiénes come *stitem*, ni trop nouvelles come *dolorosus* & *dictionarium*.

CHAPITRE II.

Moiens de la remettre en son antienne perfection: avec d'autres rétablissemens.

AFin que les Nations corrigent les défaux qu'elles ont dans l'usage de la Langue Latine, qui est la plus conuë & la plus necessaire de celles, qu'on appelle mortes: il faut que les Savans, par qui se conduisent ces Nations, considerent les deux moiens qu'elles ont de le faire. Le premier de ces moiens est de conoître pareils défaux: á quoi je croi cet Essai, & le Livre dont il est tiré, suffisans. Le second, qui suit naturélement du premier, est de vouloir corriger ces mémes défaux. Et cette volõté est la gloire de ces Savãs. Qui vraisemblablemẽt ne serõt pas choqués des choses qu'ils conoîtront, & avoir été autrefois dans la perfection de cette Langue, & étre à cette heure tres-utiles: qui ne doivent rien tant souhaiter, que d'en voir l'uniformité dans toutes les Nations; enfin qui dumoins quelquefois feront prononcer, lire & écrire le Latin come de l'antien & du meilleur temps. Et cela seul pourra distinguer ceux qui sont intelligens des autres, qui sont d'un infini nombre, & qui pretendent savoir le Latin sans l'avoir apris, au moins sans l'avoir apris des antiens Auteurs, déquels seuls on peut l'aprendre,

J'assure 2. que ceux-là se trompent, qui disent que presentement on ne doit rien corriger en cette Langue, puis qu'elle est devenuë celle de l'Eglise, come si nous ne savions pas qu'elle l'a toûjours été. Come si les Peres de l'Eglise & de la Langue Latines étoient les mémes. Come si l'Eglise faisoit un Article de nôtre creance, de quelques points de Grammaire. Come si elle n'étoit pas universelle pour les temps & pour les lieux, & qu'elle approuvât plûtôt ceux de la corruption que de la pureté. Enfin come si tout ce qu'il i a d'honétes gens, pouvoient savoir les choses de cette derniére façon, & cependant être satisfais de les dire ou de les écrire en l'autre,

Troisiémement, bien que j'estime beaucoup les antiens Auteurs, & que j'en considere les temps, les paroles & les autres circonstances: come lors que Gelle parle de Virgile & qu'il dit, qu'il a écrit quelquefois *tres* & quelquefois *tris*; come Plaute *clàm omnis*: neanmoins je ne laisse pas d'estimer quelques ouvrages nouveaux. Par exemple, Les demonstrations touchant la figure des lettres Romaines. La Syntaxe sans nulle exception, & generalement l'art d'aprendre en tres peu de tems, les regles & les mos primitifs Latins. Mais je n'estime ni l'attachement que nous avons d'attribuër aux antiénes Langues, ce qui convient aux nôtres: ni nos vanités, come celle de ce Maître à écrire le Gagneur; qui raconte à Monseigneur le Chancellier de Belliévre & à M Galandius, que par la grace de Dieu, il a enrichi de nouveaux Caractéres les antiénes Langues Gréque & Latine. Je remarque ici en passant que ce le Gagneur & quantité de gens aprés lui, & qui sont d'autre profession que lui, parlent toûjours de la grace, parce qu'ils ont toûjours celle d'en parler : & que quelques uns d'eux, ont encore abondament & surabondament, celle de vivre aux dépens de ceux à qui ils en parlent.

En quatriéme lieu, j'espére qu'encore que selon la remarque de Quinctilien, la Langue Gréque soit assez difficile, & que ce qui est bon en une dialecte soit mauvais en l'autre : plusieurs neanmoins feront voir avec ou peut-étre sans grand succés les nouveautés mal introduites dans cetre méme Langue Gréque, principalement depuis les Etiennes. Ainsi le fils de Gerard Vossius, & Meibomius ont montré l'excellence de l'antiéne Musique sur celle de ce temps, qui neanmoins fait en sorte l'admiration des plus riches, qu'ils ne veulent pas seulement essaier l'autre.

Cinquiémement, je ne croi pas que come nous avons une Langue générale déja établie qui est la Latine, on songe à l'invention d'une autre que nous ne conéssons pas, & que nous savons toutefois ne pouvoir pas étre si conforme, ni à l'Eglise Latine, de laquelle nous somes tous ; ni à la Iurisprudence & pareilles façons Romaines, qui ont été depuis plus de mille ou de deux mille années ; ni à la Medecine à laquelle ont travaillé tant d'Anciens & de noueeaux Savans ; ni enfin aux ouvrages de la Paix & de la Guerre, que l'on voit en tant de divers Auteurs,

CHAPITRE III.

Lettres des Romains.

QUand Marius Victorinus dans le commencement de sa Grammaire, parle de ces Lettres : & qu'il dit que les Latins ont adjoûté à celles des Grecs, ces trois H. Q V. il les appelle d'un nom que je pense le plus antien, *Literas Romanas*. Nous avons encore en nôtre Langue trois noms generaux de ces mémes Lettres, lesquels je crois étre plus nouveaux de beaucoup,

Le premier est *Alphabetum*, dont se sert S. Ierôme écrivant au Moine Rustique, & aprés lui Bede. On ne le trouve pas neanmoins dans les plus vieux Auteurs. Ils ont bien dit *Analphabétous*, des gens non Letrés & Iuvenal Sat xiv. v. ccix. *Hoc discunt omnes ante Alpha & beta puellæ* : mais nous ne trouvons pas qu'ils aient dit : ou *Alphabetum*, ou moins encore *Alphavitum*.

L'autre nom est celui d'A, B, C. Fulgence Evéque de Cartage au Livre III. de sa Mythologie, ch. *de Orpheo*, fait mention *de Arte abecedaria*. La prononciation du C. qu'on dit *se*, est en Latin mauvaise, & nous oblige à ne distinguer pas *desipere* de *decipere*, *insipiens* d'*incipiens*, *servus* de *cervus* : *serta* de *certa* : ni le mot François insensé, d'incensé.

Le troisiéme nom est celui dont Tori parle, *Croix de par Dieu* : ou come ceux qui craignent de jurer, disent Croix de Dieu. Mais, outre que quelques uns aprehendent que dans ce comencement & dans cette appellation de Croix & de travaux, on ne rende odieuse l'étude : je voi que ce nom est contraire aux antiens qui proposoient d'abord *Scholas*, des Ecoles ou des vacances, *Ludos* des jeux, *Musas* des Muses ou des Chansons, *Audire* écouter ; & non pas come la Methode imprimée ces années passées chés Despiés *Punire*, punir.

CHAPITRE IV.

Celles que nous prononçons autrement que les antiens.

Nous prononçons sept Lettres differemment des Antiens, C, G. H. Q. V, Y, Z. Ils les appelloient. ke. gué, qui est la derniére syllabe de *distingué*. ha. cou. ou. u. Grec & upsilon. Dseta.

Premiérement, donc ils prononçoient C, ke,

& c'est la remarque de Ramus *De sonis Literarum & syllabarum* l'an 1564. Il la prouve par Quinctilien, qui fait le son de ces trois Lettres, le méme C. K. Q : & qui dit que cette Lettre C. porte sa force jusques à toutes les voïelles: contre ce que nous disons: *cera*, *cippus*, *cyrus*, *caepe*, *coena*. Où nous changeons cette muéte en une demi-voielle, de nôtre autorité, & sans en avoir été avertis par aucun antien Grammairien. 2. Au contraire Terentius Scaurus, qui vivoit au premier Siécle de nôtre façon de compter, dit dans la colomne de Puschius 2253. qu'écrivant *Canus*, en sorte que la premiére Letre soit la premiere syllabe, il faut écrire k*nus* & non pas *cnus*, parce que cela feroit *cenus* ou C. *enus*. 3. Je di que C. est le Kappa des Grecs : lequel cappa ou Ka, les Latins ne conéssoient pas beaucoup, & ne le mettoient pas beaucoup en usage. Come il paroît dans les mots communs, ou presque communs à l'une & à l'autre Langues. *Acersecomes*, *celeusma*, *placenta* &c. 4. La Cigale a été nomée *Cicada*, du son lequel à peu prés elle fait *KiKa KiKa*. Le coucou *Coccyx*, pareillement. On ne peut méme qu'avec quelque sorte de folie le prononcer *Cocsux*, ou *Cocsyx*,. 5. L'antien Calendrier Romain de Manuce écrit huit ou neuf fois *Merk*. pour *Mercedonius*, Theophile Iuterprete Grec de Iustinien marque *Phalkidia*. Priscien dit ce que j'ai déja rapporté de Quinctilien *K. Q. & C. eandem in sono continent potestatem*. Ainsi 6. Tous les Latins des premiers & des derniers temps ont sans doute prononcé, come si nous écrivions Ekke. *eccum*. *Carpere*. *diskerpere*. Kaessar, 7. Ces peuples donc, qui disent *Ascia*, *AsKia*, disent fort bien

G. est encore bien prononcé par ces Allemans, qui s'appellent *Guermanous* : & qui ne donent pas au g. le son que nous entendons en *Gaetulos*, *Gemmam*, *Gingivam*. *Gyrum*. La premiére raison est que le G. est le Gamma des Grecs, auquel on n'a jamais doné le son de ja, ni de je. 2. Plutarque qui vivoit sous Trajan & Adrien écrit dans la vie de Numa ὡς κ ἄγε *Hoc age*, Et ensuite S. Augustin *Cum dico LEGE*, *in his duabus syllabis, aliud Græcus, aliud Latinus intelligit*. 3. Feste dit : *Antiqui acetare dicebant, pro agitare ; prodigia quia prodicunt futura*. Et dans la colomne Duilliéne, il i a *Macistratus pucnando*. 4 Come encore aujourd'hui l'on écrit indifferemment *vicesimus* & *vigesimus*. Et on ne sait pas si c'est un c, ou un g, que l'on entend au nom de *Claudius*, de *Cajus* ou de *Cnejus*. C'est pourquoi. 5 Victorin à la fin de son Orthographe dit C. *& nomen habuisse* G. *& usum præstitisse*. 6. Virgile à tiré, *Gangarida* de *Ganges*.

H est prononcé *Ha*, & non pas d'un nom Italien *Hache*. Priscien au comencement du Livre 5. *Tria monosyllaba Literarum nomina A K, H*. Et Ausone finit deux de ses vers Hexametres, par le second de ces mots. *Nominibus Ka*. & *Latium Ka*.

Le Q. est come un C & un V, & ainsi que nous verrons en suite, un ou. C'est pourquoi il devroit être prononcé come les Italiens le prononcent, *Cou*.

V, Etoit come ces mémes Italiens disent, *ou*, 1. Varron ensegnant iv. de L. L l'origine de *Puls*. dit *Quod ita sonet cum aqua Ferventi*, or la boulie fait *Pou. pou . pou*. 2. Plaute attribue ce son au hibou Menæchm. act. iv. sce. II v xc. *vin afferri noctuam, quæ tu tu usque dicat tibi*. 3. Cela paroît encore par I-

son

ſon des autres animaux ; du coucou *cuculus* ; du Taureau *mugire*, des Loups *ululare*, & par le ſon méme de la Trompéte *Tuba*. 4 Nous prononçons donc fort bien en Latin & en François *ſunt* ſont. Mais non pas *Fluctus* flots, ni la derniere ſyllabe de *Dominus*, mais ſeulement celle de *Dominum*.

Y eſt v. *Gallicum*, come quelques étrangers l'appellent. Terentianus dit Υ *quam memorant vocibus avia eſt Latinis. Subjecimus illam, cui nomen v. dederunt*. 2. Dans le plute d'Ariſtophane, le ſon de celui qui fait come s'il humoit un boüillon, eſt repreſenté par 1.2. y 3. l'V des Latins eſt formé de l'υ des Grecs, par le retranchemeut de ſa plus baſſe partie. 4. Delà viénent ces écritures indifferentes, *aſtu aſty*, *cotula* & *cotyla*, *Lutra* & *Lytra*, *Murtetum* & *Myrtetum*. *Sucophanta* & *Sycophanta*. *Sulla* & *Sylla*. Tertullien & Tertyllien &c, 5. La Diphthongue Gréque ȣ, ou, oy, étoit à peu prés prononcée *oou*, à la façon des choſes qui tombent.

Z. eſt tres bien écrit come un N renverſé. Auſone *Zeta jacens ſi ſurgat, erit nota quæ legitur nu*. Sa veritable, prononciation eſt *dſeta*, ou ds Marius Victorinus L, I. de literis Col. de Puſchius 2453. *X per c. & s. literas poſſemus ſcribere ; ſic & z, ſi modo Latino ſermoni neceſſaria eſſet, per d & ſ, Literas faceremus*.

Toutes ces Lettres & les autres, nous ſont extraordinairement bien conuës : & puis que nous ſavons qu'il n'i en a point come en François & en Hebreu méme de quieſcentes ; nous ſomes certains de leur prononciation, & de celle des mots qu'elles compoſent.

CHAPITRE V.

L'I & l'V appellées come conſones.

EN Latin nous avons ſept lettres, qui ſont ou voïéles, & ſont d'elles mémes une voix, ou tiénent la place des voïéles, A, E, I, O, V. Y. & l'aspiration H. Car nous disons *ab homine*, come *ab omine* Les autres seize, ou l'H étant jointe dix-sept Lettres sont consones, ou sonent avec les voïéles. B par exemple avec e ka avec a, x, ou ics avec i.

Sanctius a montré autrefois que les mots Latins n'avoient qu'une signification : & que *Legere* pour exemple signifioit seulement élire ou choisir : mais il n'a pas montré, ce qui est neanmoins vrai, & qui est méme de son sujet, queles lettres encore Latines, n'avoient qu'une prononciation. Et qu'ainsi l'V & l'I que nous appellons consones & voïéles, & que nous remarquons ensemble au seul nom de cét Auteur des derniers temps, mais non pas du dernier ordre *Iovius*; n'étoient pas neanmoins differentes, ni semblables aux consones Françoises *va*, & *ia*, causes de tant d'observations, d'explications, de distinctions, d'exceptions, de corrections ou plûtôt de corruptions.

L'V est consone ou come consone en *lingua*, *anguis*, & en *dissolvere* de quatre syllabes, & l'I en *Maius* Mai que l'on tire de *Maiores*. Et en *iam*, prononcé come en *quoniam*, *etiam*, où il entre. Marius Victorinus presqu'au comencemẽt de son Orthographe. Nous avons quelques prononciations Françoises, qui ne sont pas bien differentes de celles-là, savoir en *oui* monosyllabe, & en *hernie* dissyllabe Le retardement qu'on aporte à separer cet V, & cet I. & à les prononcer, est cause de la longueur de la syllabe, come en *vol. vi* j'ai roulé, autre que *vo lui* j'ai voulu. Et *dissolu-ēre* ont dissolu, autre que *dissol-vere* dissoudre. C'est ce que Valerius probus, qui étoit au temps de Neron, dit Col. 1431. sur ces paroles de Virgile, *abiete puppes* &c. *Primam syllabam longam efficimus. Sec undam namque sylla-*

bam resecamus per medium, & praecedentem consonantem primae syllabae conglutinamus, vocalem autem ad tertiam revocamus, & loco consonantis defigimus. Nous faisons la premiere syllabe longue, parce que nous coupons la seconde par le milieu : & joignons la premiére consone à la premiére syllabe. Pour la voïele, nous la joignons come consone, avec la syllabe qui est au troisiéme lieu. La derniére & peut-être laplus évidente raison qui prouve que l'V come consone n'étoit pas prononcée come nôtre *va*, est en *vagire*, que Varron tire du bruit des enfans nouvellement nés, & faisant *oua*, *oua*.

Pour l'I nous avons l'exemple de Virgile, qui n'a jamais dit *Iulus* de deux syllabes, mais de trois ; & qui l'a prononcé comme si nous l'écriviõs par un y. *Iulius à magno deductum nomen julo* : Nous avons secondement *ejulo*, formé de la voix de quiconque lamente. En troisiéme lieu, nous avons & le témoignage de Priscien, qui prend pour consone, l'I de Pompei : & celui de Macrobe L. I. c. ix. Saturn. *Pronunciavit Nigidius, Apollinem Ianum esse, Dianamque Ianam, apposita D. Litera.* Quatriémement, si l'*I* consone étoit come ceste méme Lettre Françoise, de qu'elle façon Servius auroit-il dit que Virgile a fait une diphthongue en DEICERE pour *dejicere*.

CHAPITRE VI.

La prononciation des Diphthongues : & que l'on n'a iamais dit KI. KE. KOD.

QUoique Quinctilien tres excellent Maître du Latin assure qu'une certaine Majesté, & pour parler ainsi une certaine Religion, nous rend recommandables, les chose antiénes. Quoique entr'autres Erasme nous enségne coment on doit prononcer les Diphthongues Latines, dont il eſt ici queſtion. Enfin quoique Tori l'an 1529. demontre qu'on ne peut écrire par exemple *A E* en une letre, ſans défigurer l'un ou l'autre de ces Caractéres : il i a neanmoins longtemps qu'on neglige ces choſes, & que Spartien environ l'an 200. comence un Vers hexametre par ces mots. *Terror Egyptiaci.* Et on voit dans le titre méme d'une impreſſion de Paris de l'an 1519. *Sententias Fauſti poete regis atque regine.* Noüs ſavons neanmoins coment il faudroit prononcer ces diphthongues, & coment il faudroit dire cet *A E*, & le dire ainſi que les malades, que l'on appelle de leur agitation, & principalement de leur voix, *A Egri. aerumna. as, aes.*

Dans *qui* & *quod*, il n'i a point de diphthongue, ni en *qua* de triphthongue, parce que l'u eſt come conſone, ſelon la remarque de Quinctilien. L. I. c. 4. Neanmoins Salinas Eſpagnol de l'Ordre de S. Hierôme qui vivoit il i a cent ans : & M. Ménage un de nos Auteurs celebres l'an 1675. écrivent mal à propos, que les antiens diſoient ki, ke, κod,

Mais 1. Ces antiens diſoient autrement, *liquet* que *licet*, & autrement *antiqua* qu'*antica*. 2. Dans Lucrece *Magnas aquae vaſtaſque lacunas*. *ake* ne pouroit pas étre de trois ſyllabes, ni *relliqüo* de quatre. *Numquam relliquo reparari tempore poſſe.* Et la diſpute de Gelle *lib.* XVIII. c. IX. ſeroit inutile, s'il faut dire *inſecenda* ou *inſequenda*. 3. Marius Victorinus col. 2457. *Promiſcua. promiſcue facit non promiſce v. enim perduci debet ſicut aſſiduus aſſidue.* 4 Papyrien à la fin du chap. IV. de ſon Orthogr. *Non dicimus cocere, ſed coquere.* Par là méme, on voit la tromperie de ceux qui diſent *aqfa*, au lieu d'*aqua* ou *akua*.

CHAPITRE VII.

Coment on doit prononcer T devant quelques voiéles, des gn. ll, *des demivoïéles* ef, el, *& cateris. & des muétes* be, ce, *& semblables.*

ENtre les mauvais changemens, Lipse semble s'emporter contre celui du *t*, en *s*, come dans *justitia*. Car premierement, il est sans que nous en aions été avertis par aucun antien Grammairien. 2. Il nous oblige à beaucoup d'ignorances. Car on ne sait pas ordinairement, coment *vitium* vient de *vito*, & on ne sait pas non plus coment il est distingué du genitif pluriel *vitium*. Aussi l'on ne sait pas s'il faut écrire *ocium* ou *otium*, sinon qu'on lise *ignobilis oti*. 3. Pourquoi prononçons-nous *iustior*, puis *patior* ou *passior*. Pourquoi *Latere* puis *Latium*. 4, Pourquoy disons nous *carmina sublimis, tunc sunt peritura Lucreti*. & puis *Lucressius*, 5. Pourquoi enfin disons-nous *actum*, puis *actio* ou *acsio*. C'est pareille chose, que Ramus appelloit, faire des barbarismes dans la prononciation. Et ce sont ces barbarismes, que nous portons, jusques dans les choses saintes ; où il faudroit dire. *Evangelium*. & non pas *efanjelium*.

Quelques nations d'aujourd'hui prononcent Gn & ll, par exemple en *Agnus* & en *Pallidus*, d'une façon dont les antiens, qui n'avoient pas non plus que nous le talent d'étre Prophetes, n'ont point parlé. Ils n'ont pas preveu qu'apres ou devant ces Lettres, on entendroit un I. sourd : & que de *filia* pour exemple on feroit fille : de Senior Segneur, de *palea* paille. Ils prononçoient donc *dignos*, come nous prononçons *nos*. Dans la Jurisprudence mémes, ils ne conoissoient pas la puissance de dôner & de retenir, & ne l'appelloient pas du beau nom de *feudum*.

Quand je parle des demivoïéles & des muétes, je n'en parle que pour établir les antiénes verités, de ceux qui nous ont appris leur Langue naturéle, contre les nouvelles faussetez des autres, *ut legũt, intelligunt, diligunt : nec intelligunt, negligunt.*

Je m'étonne que l'un de ces derniers ait osé écrire l'an 1669. Que les vieux Grammairiens par exemple Valerius probus, Donat, Priscien & les vingt ou trente autres receuillis par Putschius, n'ont été que dans l'enfance de la Grammaire. De la sorte eux, qui n'ont jamais parlé Latin ni du Latin qu'en François, qui preferent la rime à la raison, qui disent *amati erint* ou *fuerint*, qui expliquent *Hydrops* hydropique & non pas hydropisie, qui enségnent que l'h n'est pas presentement adspirée, & qu'ainsi on peut dire contre S. Augustin *ominem* pour *hominem*; sont dans un âge plus avancé, plus digne de veneration, & plus capable de juger du Latin, que celui où on le parloit, & où l'on lisoit les écritures mémes des Auteurs les plus estimez. C'est ce que j'ajoute, parce que je voi que la seule cause de nos desordres est le mépris des Antiens. Car nous ne nous condamnons ni d'ignorance de dire par exemple. *Tout nom d'homme soit masculin*, au lieu de tout mâle; ni de sotise de prendre pour un home Staphyle, qui est une vieille dans Plaute: Mais nous condamnons de negligence & de peu de sens, ceux que nous devrions honorer come nos Maîtres.

De toutes les divisions des consones, je n'en trouve donc point ni de plus anciéne que celle dont Quinctilien méme parle L. I. c. iv. ni de plus utile pour la prononciation, qu'en demivoïéles & muétes. Les demi-voïéles sont celles qui comencent par E, & finissent par elles mémes, come F, ef. Hors x, ies, qui comence par I. par lequel les Grecs le finissent. Les muétes au contraire comencent par elles mémes, & finissent par e, come be. Hors Ha, Ka. & Qu. Ces choses nous ont été expresseément marquées de la sorte, par ceux qui nous ont ensegné leur langue & de qui l'on peut voir les noms dans Priscien. L. I. *de accidentibus literæ* environ la col. 540. Il i a sept demi-voïéles F. L. M N. R. S X. & neuf muétes B. C D. G. H. K. P. Q. T. qui avec la Lettre Gréque Zede,

& les six Voïéles déja raportées, font les vingt-trois Lettres, dont les Latins se sont servis. J'ai observé ces choses d'autant plus exactement, que je voi que Ramus & Lipse mémes n'en font point d'état: & que nouvellement l'Auteur de la Grammaire de Port-roial, combat cette division, jusques à dire qu'elle vient d'un pur caprice.

Mais puisque chacun en parle dedans & dehors la Grammaire & la poësie: dans laquelle poësie on n'explique pas ce que c'est que muére par exemple en *volucris*: quand il n'i auroit point d'autre raison, que la volonté de ceux qui nous l'ont enségnée; come en effet il n'y en a point d'autres; en l'ordre des Lettres A. B, C, D. lequel persone ne change, faudroit-il pas s'en contenter? Outre que coment peut on savoir autrement, s'il faut dire *ef* plûtôt que *fi*, come on écrit de quelques-uns de nós voisins, qu'ils prononcent bi, ci. di, ou s'il faut dire *fe*, ou *af*, ou de quelqu'autre façon. Ajoûtez que l'on ne peut à peine conoître que par ce même moien, & par ces deux Lettres de l'Alphabet Grec Kappa & Gamma, que les Antiens prononçoient C*ke* & non pas *se*, come en *scilla* Squille: & G, *gué* & non pas je.

Il ne sert à rien de nous opposer ces mémes Grecs, qui ont comencé toutes leurs consones par une consone, & qui ont dit par exemple Csi Phi. Les Latins qu'ils appelloient, selon Caton *Opicos*, leur ont été contraires D'ailleurs, nous ne somes pas de l'Eglise Greque : quoique la Langue Greque ne nous soit pas entierement inutile. J'admire que cét Auteur de la Grammaire de Port-Roial, semble changer la prononciation de l'x. *ics* en celle de quelques uns de Paris, qui disent *isc*, & qui consequemment sont obligés de dire *escample* & *escametre*, & non pas *exemple*, ni *Hexametre*, come en effet ils ne disent pas fixe, mais fisque.

CHAPITRE VIII.

Ionction des Lettres, ou sorte de Syllabes.

IL est impossible de bien lire, n'i d'enségner à bien lire le Latin, sans savoir le Latin, ou parexemple ces Lettres *&c.* ne signifient pas toûjours *et cætera* : mais quelque fois *Et caeteri*, quelquefois *& cætera.* quelquefois d'autres cas, & d'autres genres, come dans le titre sétiéme de cét Essai.

Quinctilien & l'Etymologie mémes, nous aprenent qu'il faut lire *aru. spex. abs. temius. Nescire. neg. otium.* surquoi Iules de l'Escale *Cap. XLIX. de caussis L. L.* n'a pas ce semble raison de dire que dans la composition, on acomode autrement les accens, & les Lettres. Puisque rien ne nous empéche de dire *ab. igo. com. itium Etiam & pit. uita.*

Dans la jonction des Lettres, je ne m'arréte pas à cōsiderer extraordinairemēt, ni les choses qu'on ne peut garder, ni celles de ces derniers temps & trop nouvelles, ni enfin celles qu'on croit méprisables.

Les premiéres sont pour exemple celles de Valerius Probus Col 1431. du Z. dans Mezentius. *ita duplicem efficit sonum: ut cui syllaba accommodata sit, ignoretur.*

Entre les choses de ces derniers temps, je mets 1. La condamnation de Ramus, touchant ceux qui disent *om. nis*, au lieu d'*o. mnis.* Et cette condamnation est contre Terentien méme qu'il cite, & contre Valerius Probus au Chap. *De semivoc* Col. 1389. L. *M. N. R. recte liquidæ dictæ, quod sibi cohærere non possunt, exceptis duobus nominibus, Mnestheus & Mnasylus.* 2. Je mets l'avertissement doné par Vossius Qu'il faut assembler au milieu les Lettres, par léquéles on peut comencer un mot & dire *a. gnus* come *gnatus* Mais on ne sait d'ou Vossius a tiré cét avertissement & cette régle. Qui d'ailleurs nous oblige à des reflexions trop difficiles, & qui ne peut servir à ceux pour qui on a inventé semblable precepte, que j'estime encore mal établi.

Les derniéres choses que je rejéte sont celles, qui paroissent de tres-petite ou de nulle importance, ou méme qui paroissent fausses. Comme celles de Cassellius dans Cassiodore. Que les mots doivent avoir à la fin ou trois Lettres come *ca.pto.* ou quatre en *no-ster* ou cinq *plau-strum*, ou six, *lu-strant.* Quinct. L. 1. Ch. 8. *Persequi quodquisqueunquam vel contemtissimorum hominum dixerit, aut nimia miseria, aut inanis jactanta est & detinet atque obruit ingenia, melius aliis vacatuna.*

CHAPITRE IX. *Mots,*

BIen que l'on voie encore les veritables Lettres Latines ou Romaines, aux mots des titres & des inscriptions, & en tout ce qu'il i a de premieres lignes, méme dans les Livres François: neanmoins, nous ne leur avons pas seulement ajoûté ces autres Caracteres a. æ. b. d. e f. g. i avec un point au dessus. l. m. n. œ. p. q. r. ſ t. avec une téte coupée, u. quarré, & d'autres que d'autres introduisent tous les jours, come toutes les Lettres Italiques, & celles qu'à la fin de ses élegances Fabrice d'Anvers 1506 tourne à gauche, d'une façon contraire aux Italiques: nous avons encore changé les mots & les phrases des Latins.

On ne sait presque plus s'il faut dire *sebum* ou *sevum*, *calantica* ou *calautica*: *bosphorus* ou *bosporus.* Ordinairement aussi l'on ignore ce que c'est que *trochus* dans la 24. Ode d'Horace. L 3 On demande s'il faut dire confesseur, *noxiarum auricularius judex* avec Brissée, ou avec Scioppius *conscientiæ arbiter ac moderator.* Ceux qui prient Dieu à peine savent-ils, s'il faut dire *incœlis* ou *in caelis.* Pour les phrases on en voit ent'autres un tres-grand nombre, recüillies par ce méme Scioppius contre le R. Pere Famien Strada, Auteur du Livre *De bello Belgico.*

La principale cause de ces changemens, est d'un costé, le mépris de la Grammaire, qui neanmoins contient les principes de toutes les sciences: & d'une autre part l'estime des autres études: non pas du Droit Civil ou l'on dit Cajus & Sempronius, au lieu de François & de Guillaume: & où au lieu de Dictionaire, on a la signification des mots: Mais à celles, ou par exemple on ne parle pas *de sacellis* & *de homicidiis*, on i parle *de assassinis* & *Capellis* où l'on dit *Quidditas* pour *essentia*, ou l'on marque onze par deux I. cent onze par trois & mil cẽtonze par quatre; qui ne signifioiẽt envirõ cẽt ans, que deux, trois & quatre. Où au lieu des Calendes, Nones & Ides, dont les savans & ceux mémes de la Cour Romaine se servent, on use d'autres termes & d'autres façons. Où l'on s'énonce quelquefois par des monstres de paroles. *Homifier*, *differentiable*, *temporificatif*. Sans songer à ce que racontent Rodolphus Agricola & son commentateur Alard Chap. I. du 2. l. de l'Invention.

CHAPITRE X. *Accens*,

DIomede Col. 429. dit que l'on distingue par la longue - & par la breve *v.* les temps; & les tons par les accens: come en *pŏpulus* peuple, & *pōpulus* ou *peopulus* peuplier. Car l'antepenultiéme est tantôt breve & tantôt longue; mais toûjours elle est prononcée, avec un accent aigu *pópulus*.

Ces accens ne sont jamais marquez en Latin, come on prouve par les antiénes & les nouvelles experiences. Vossius & Lipse mémes demandent excuse à leur Lecteur; si dans leurs Livres, il trouve quelquefois des accens qu'ils rejettent sur l'ignorance des Imprimeurs & non pas sur l'exemple des grands homes; ou des grands Conducteurs. *Quinctil. L. I. c. VI. vel error honestus est, magnos duces sequentibus.* Mais, à cette heure on ne peut appeller persone de ce nom.

Ce même Quinctilien décrit au Chap. V. toutes les regles des accens, raportées à dix par Lipse: & copiées parce qu'il i a d'antiens Grammairiens, avec toute l'exactitude, que demandent les paroles encore de Quinctilien. *Que si l'on reçoit des choses contraires a ces Loix, les anciénes manieres du Latin seront abolies.*

Je ne m'arrêterai qu'à celles de ses régles qui me semblent toûjours, les plus importantes, & quelque fois les plus inconnues. L'une est celle où cét auteur assure que la derniére syllabe des mots Latins, come *Dominus* n'a jamais d'accent. En quoi ils sont opposés à nous, qui disons bonté, bonét, bonemánt, condamné damné. La raison que Lipse en donne, est que nos Maîtres & nos Juges ne l'ont pas voulu. J'ajoûte que c'est peut-étre à cause de l'idée qu'ils avoient de la gravité, & a cause de l'empéchement qu'ils croioient apporter à la precipitation. C'est donc une fausse regle de Capelle environ l'an 500. touchant *Ponê* derriére marqué d un circunflex & d'*ergô* à cause. Le sens distingue ces chose assez : & je ne rapporte pas ici les autres inconveniens de ce méme circonflex. *Pone subit conjux. illius ergo venimus*, come il distingue *adeo* tant d'*adeo* de Dieu & d'*adeo* je vais à. L'autre regle que i'estime considerable, est celleeci, *Duabus longis sequentibus primam brevem acui, noster sermo non patitur.* Ainsi je m'étonne que Cledonius Grammairien de Constantinople col 1888. marque d'un aigu l'antepenultieme de *Romani*, & qu'il méle si mal la nouvelle & l'anciéne Rome. D'autres adjoûtēt avec pareille absurdité *síquando, exádversúm*, *ré inde* Gelle méme L. XIII. C. XXIV se moque de la prononciation de *Váleri.* quoi qu'elle soit du savant Nigidius & d'Horace encor, qui dit *Contra lavinum valeri genus.* L'oreille du R, P. Baillius étoit choquée de cette méme prononciation d'Horace *Mercuri facunde nepos Atlantis* mémes presque personne ne dit presentement *âmbrosi*, mais *Ambrózi.* On oppose qu'autresfois c'étoit par exemple *Mercurie*, & qu'ainsi l'accent est demeuré sur la syllabe du milieu. Mais c'est une exception, & il vaut mieux s'en tenir à la regle generale ; qui est la IV. de Quinctilien *Eodem loco brevis, utiquè gravem habebit sonum, ideoque positam ante se, idest, ab ultima tertiam acuet.* Ainsi je pense qu'en prononçant le Grec en Latin, il faut garder la régle de Quinctilien, *Mibi placet Latinam rationem sequi, quousque patitur decor :*

& dire, *Peralipómenon. Thalía. Músaque illene.* ou *Músaque* ille né Melissc loüé pur Vossius L.2. Ch. 9, trouve presqu'aussi ridicule de prononcer dans ce vers de Virgile. *Arbustaque diruta. Arbustáque* que *dirúta*. Car selon Sergius col.1836. c'est *acute producere*. Servius, qui est le plus ancien Auteur, auquel on raporte cette exception, vivoit environ l'an 400. Mais il avouë qu'elle est contre l'usage des Latins, lequel chacun aime mieux suivre, que ce méme Auteur, principalement étant corrompu & plein de faussetés; & qui noüs feroit prononcer *tróphæa, simóis, ibidem.*

La troisiéme chose que j'observe touchant les accens, est le changement du circumflex en aigu, *Rôma, Rómæ Monére, monébant.* Ce changement arrive mémes en nôtre langue *étre étoit.* Et la raison pourquoi, il arrive en Latin, c'est que ou l'on feroit d'une breve une longue, come si l'on metoit un circonflex dans *pârte* ou *paarte*, qui vient de *párs*, & *párs* de *par*: ou l'on s'arréteroit come sur la quatriéme syllabe devant la fin *Romá, rcómæ, dô· dóo éem*, de sorte qu'àlors on éleve la sillabe sans la doubler come à peu présen *Dominus* & sans rien fair contre la nature decét accent.

Une autre chose remarcable dans cette matiére, est le mauvais usage que quelques nouveaux Auteurs en font. Ils marquent tous les mots du seul accent aigu, & jamais du circonflex. Ainsi ils commencent d'abolir les maniéres anciennes des Latins *Dôs* & *ôs óris* par exemple ont un accent circonflex *óri* & *dótibus*, un aigu. *áret* il est aride *áret* qu'il laboure, *a ére* étre a ide *Babylóne*, *Babylónem* Les marques de la breve & de la longue, que Quinctiliē dit avoir été usitées parquelques antiens étoient plus apropos, mémes dans *mŏrari* & *morari*, dans *ilex* & *iliēx* dont parle Feste, dans *dĭco* & *dīco*, *ĕst ēst*, come il étoit infiniment mieux de laisser distinguer ces choses à chacun par le sens & ensuite par la prononciation sans en charger vainement l'écriture. Ceux qui marquent les monoſyllabes d'un grave come *à.è: dè.* n'aboliſſent pas ſeulement l'antiquité, mais le ſens co mmun méme, de mettre des abaiſſemens où il eſt impoſſible qu'il i ait nulle élevation.

CHAPITRE XI.

Ponctuation : & pareilles marques.

LEs points étoient ronds aux Antiens, & pour le nombre ſeulement trois, L'un en haut, & c'étoit leur diſtinction ou leur periode. L'autre en bas, & c'eſtoit leur ſous-diſtinction, ou *inciſum* ou *comma*. L'autre au milieu, & ils l'appelloient moiéne diſtinction, ou *mora*, ou encore *colon.* come on voit en Donat & preſqu'en tous les vieux Grāmairiens : En S. Iſidore méme, qui vivoit neāmoins apres l'an 600. Je ne ſache pas que nul de ces Auteurs remarque, ce qui eſt cependant conforme preſqu'à toutes les anciénes & nouvelles écritures, qu'on diſtinguoit tous les mots de celles qui étoient courtes. par des points.

Lipſe dit qu'une autre ſorte de diſtinction a été introduite par les nouveaux Savans, que d'autres appelleront vraiſemblablement nouvelles bétes ou plus que béres, de preferer l'embarras & la ſuperfluité au neceſſaire, & de faire aprendre ce qu'il faudroit oub lier. Ōn voit la multitude de ces diſtinctions dans Tori & dans ce qu'il i a de nouveaux écrivains, à qui la ſimplicité des anciens eſt ici preſqu'inconnuë 2. On voit leur confuſion en ce que nous nous ſervons encore aujourd'hui du point au lieu de la virgule come, en 1. 2. 3. ou I. II. III. 3. On voit le grand eſprit de leurs introducteurs, ſelon léquels le tout vaut moins que la partie, & les deux points que le point.

Outre les points, il i avoit d'autres diſtinctions marquées par les anciens Grammairiens, plûtôt come je croi pour leurs propres reflexions, que pour l'obſervation des Auteurs antiens, qui ne chargeoient pas leur écriture de pareilles choſes, & qui vouloient par exemple que l'on vit leurs ceſures & leurs autres maniéres, ſans les noter. Maximus

Victorinus, au comencement de son traité *De ratione metrorum*, dit de ce vers de Lucrece *Ex infantibus parvis, sic habetur, quasi dixerit ex infantibu parvis subtracta s litera.*

Entre ces distinctions qui sont cinq & qui sont tirées des Grecs, l'une est l'Hyphen, ou un ba demicercle, conjoignant deux mots que l'on pouroit separer facilement, mais non pas sans quelqu'incommodité, come *antevolans*. j'ai ajoûté les deux derniers termes, parce qu'il ne seroit pas suportable de marquer de la sorte *sub-v ad-v esto*, Et Quinctilien a cru sans doute entiérement inutil d'écrire de Pacuvius, autrement que par la simple jonction des lettres Romaines *incurvicervium*. L'edition méme d'Erythrée de 1583. écrit ainsi simplement *ante volans*, j'ajoûte que Putertius marque l'hyphen d'une sorte ˇ, que d'autres mettent dans la quantité & dans les syllabes douteuses, à quoi neanmoins suffit la breve & la longue seule.

Diastole est la seconde de ces marques: savoir une virgule ou un quart & une partie droite de cercle, separant les mots, qui pouroient étre mal joints come *conspicitur, sus* afin qu'on ne dise pas *conspicit ursus*. La prononciation & l'écriture seules servoit à mon avis de diastole, & dans Horace L. I ode XXV. on se contentoit indubitablement de dire *me tuo longas, pereunte noctes.*

L'Apostrophe est encore une virgule, mais mise en haut, pour faire voir qu'une voïélle manque en un mot come *tanton' me crimine dignum*. Neanmoins ils se contentoient d'écrire vraisemblablement, *viden.*

Je crois encore inconuë aux Latins la diérése, ou les deux points que nous marquons en *païs*. Quinctilien parlant de cette mémes diérése en *Europai* & de la synérése qui lui est contraire, come *pheton*: dit, *tradi scripto non possunt, nisi in versus inciderint.*

La Parenthese, n'étoit pas non plus marquée par les Antiens 1. Parce que *Scribendi ratio expe-*

uita esse debet. 2. Parce que leur sous-distiuction leur suffisoit come *Æneas.neque enim patrius consistere mentem passus amor. rapidum ad naves præmitti. Achatem.* 3. Servius ne nous auroit pas avertis iusque à douze fois dans le I. C. Daniel des parenthese, de Virgile 4. Valerius Probus definit la parenthese l'interposition d'une Lettre come en *Relligio* ou d'une syllabe come *induperator.* Et Donat seul entre les Grammairiens, la marque come nous la prenõs aujourd'hui, *interpositionem dversæ sententiæ* Toutesfois l'Orateur Quinctilien L IX. C. III. parle de la parenthese, en la méme sorte. *dum continuationi sermonis, medius aliquis sensus intervenit* & en raporte cét exemple. *Ego cum te, mecum enim sæpissime loquitur, Patriæ reddidissem.* Mais ni lui ni personne ne nous avertit de noter cette interposition, avec deux demi cercles. Marius Victorinus col. 2561 nous enségne que la division à la fin des lignes, étoit le *colon*, qui avec la sousdistinction & la seule écriture méme suffisent pour la parenthese, & pour ces autres marques dont nous venons de parler. Ce seul point signifie encore le manquement de l'm, dans la Table gravée à Rome, au temps de Plaute où l'on voit des mots semblables à *templum* écris de la sorte *templu.* Mais cette écriture, est particuliére; & montre la difficulté que le Graveur a eue de faire trois Lettres deux I & un V. en une seule Lettre M. Neanmoins ce n'est pas une gradation semblable à la nôtre, où en un seul mot de deux syllabes, CYRUS, nous faisons trois fautes, & disons Sirus, aulieu de Kurous.

CHAPITRE XII.

Ecriture des Latins.

L'Ecriture Latine, étoit ainsi & generalement tres simple elle étoit come la nôtre, de gauche à droit: enfin elle étoit des seules Lettres nommées presentement Capitales, ou petites Capitales, mais de diverses grandeurs: & come j'ai souvent remarqué dans les plus antiens Livres des Bibliotheques dans les marbres & dans les monoïes, entre deux lignes equi distantes. Le seul Q en sortoit en bas & en haut les lettres qu'ils vouloient étre repetées deux fois, come dIs pour DIIS singulaRES pour singulares res DICIT pour didicit GELLI, pour GELLII.

Les Lettres etoient ou seules ou accompagnés. & signifioient les mots qu'elles començoient, come *M. T. C. Marcus Tullius Cicero* P. C. *Patres conscripti* D. O. M. *Deo Optimo Maximo.* K. ou *Cal. Calendae* ID. IDUS. QIS QVIS *Coss. consules* On renversoit ces Lettres, quand elles signifioient des femmes, *caia*. On marquoit en rouge le titres & les autres choses considerables. Mais ni ces couleurs, ni ces abbreviations expliquées par Valerius Probus & par d'autres ; n'ont pas été d'un necessaire attachement ni come ie croi, ces Lettres qui passoient en haut les autres & de qui l'on verra ici quelqu'exemple.

Je dis donc que la simplicité da laquelle ie parlois, est encore tres recommandable, principalement dans l'impression, quoi qu'inventée seulement l'année 1411. Elle a été changée déia une fois. Mais come elle retient beaucoup de de choses sinon Gothiques au moins peu Romaines, il seroit expedient de la reformer encore, une autre. Cela du moins nous feroit regarder le Latin autrement que le François, écrit par exemple, en Lettres Allemandes. Je finis par deux exemples, dont le premier de Tetentianus, nous exprimer le louable soin des Grammairiens & des Savans, l'autre de Lucile, nous represente la mauvaise occupation de tous les hommes. L'explication Françoise en est la suivante. 1. D'abord il vous semble que c'est ici un petit travail, & digne des enfans. Neanmoins il est grand, & à ceux qui l'ont entrepris insupportable 2. Tous s'appliquent à la méme étude & au méme art qui est de doner des paroles, & ne les garder pas, combatre en fourberie ensemble & en civilité, se faire passer pour honéte homme, & dresser cependant à chacun des embuches come si l'on étoit énemi de chacun.

I.

FRONTE XILE NEGOTIUM.
ET DIGNUM PUERIS PUTES.
AGRESIS LABOR ARDVS.
NEC TRACTABILE PONDUS EST.

II

VNI SE ATQUE IDEM STUDIO MNES DERE T ARTI.
VERBA DARE VT CAVTE POSINT PVGNARE DOLOSE.
BLANDITIA CERTARE. BONVM SIMVLARE VIRVM SE.
INSIDIAS FACERE. VTSI HOSTES INT OMNIBVS OMNES.

A PARIS,

Chez DU ROURE Docteur, avec Privilége du Roi pour dix ans 1683, le 20 Novembre. à la sortie de l'Abaie S. Germain, ruë des Ciseaux, premiere maison & premiere chambres, où l'on trouve encore les autres parties d'un Institution universelle, come Philosophie, Chronologie, &c.

www.ingramcontent.com/pod-product-compliance
Lightning Source LLC
LaVergne TN
LVHW010254230826
846091LV00007B/2962
* 9 7 8 2 0 1 1 3 1 3 4 5 4 *